El Mundo Digital es un recurso imprescindible para todos.
Pero cuando es utilizado de forma excesiva o poco responsable,
puede desencadenar serios problemas. Para más información,
buscar en internet: *"el aumento de las noticias falsas".*

LAS ABEJAS QUE VENCIERON A LAS FAKE NEWS CON EL PODER DE LA VERDAD

TEXTO: **NACHO VALLE GARCÍA**
ILUSTRACIONES: **MARYSIA WIARCIEJKA**
COLABORACIÓN: **ANA ÁLVAREZ**

Como todos los días, las abejas de la compañía HanyHany se encuentran trabajando sin parar, día y noche.

Cada vez son más los pedidos que reciben desde todas las partes del bosque.

No es de extrañar. Su miel es la más pura, la que mejor sabe y la que más energía da a los pequeños juguetones del lugar.

Es tal el éxito de su miel, que casi nadie compra
ya la mermelada BAT, una marca propiedad
del malvado murciélago Teodoro.

Pero este sabe muy bien cómo parar todo esto.
Si hay algo en lo que destaca este empresario
es por su mente maquiavélica...

—¡Corramos la voz diciendo que la miel HanyHany es falsa, que está hecha con jarabe de arroz y que tiene ingredientes tóxicos! —comenta Teodoro en una reunión de emergencia.

—Pero eso necesita el apoyo de un informe oficial de la alcaldesa que hable mal sobre la calidad de la miel. ¿Cómo vas a conseguir eso, Teodoro? —pregunta el águila Clotilde.

—Tranquila, ya había pensado en eso —responde Teodoro mientras sonríe sarcásticamente.

Todos los presentes apoyan a Teodoro con una sonrisa igual, convirtiéndose así en cómplices de este plan.

Todos, menos el jefe de informática de la empresa: el topo Konstantin, un famoso exhacker ruso.

Teodoro conoce las debilidades de la alcaldesa
y, por tanto, cómo sobornarla.

El murciélago le ofrece, a cambio de un informe
que confirme la mala calidad de la miel, una despensa
llena de mermelada de frutos del bosque para toda
la vida.

–¿Mermelada? ¿Frutos del bosque? ¿Para siempre?...
–pregunta emocionada la serpiente Clementina para
confirmar que es cierto lo que acaba de oír.

La alcaldesa no se lo piensa. Firma encantada
el documento mientras se relame la lengua.

Con el documento en sus manos, Teodoro ya puede poner en marcha una campaña de desprestigio en el periódico de mayor circulación: El Bosque Times.

Un medio de información al que Teodoro también tiene comprado: el murciélago paga desde hace tiempo el desayuno con mermeladas variadas que todas las mañanas disfruta el equipo de redacción.

Al mismo tiempo, encarga a Konstantin que extienda la mentira por todas las redes sociales del bosque.

–Teodoro, esto no es justo. ¿Por qué no nos asociamos con HanyHany? Son productos que se complementan –le sugiere Konstantin a su jefe.

–¡Haga lo que le digo o volverá a los bosques de Siberia! –responde Teodoro con muy mal humor.

La campaña de fake news no tarda en hacer daño a la compañía HanyHany.

Los animales del bosque no lo pueden creer: han estado alimentando a sus pequeños con miel adulterada. ¡Una miel que puede ser perjudicial para la salud de sus pequeños!

Las ventas de la miel HanyHany caen en picado y la mayoría de las abejas obreras pierden su trabajo. Recogen sus cosas personales y vuelven a sus casas con la esperanza de encontrar pronto un nuevo trabajo.

Los animales dejan de comprar la miel y empiezan a adquirir mermelada de frutos del bosque, pues es lo que recomiendan todos los influencers pagados por Teodoro.

El plan del murciélago ha funcionado. Las ventas de la mermelada BAT se disparan…

Ha pasado más de un mes y el topo Konstantin no se quita de la cabeza el daño que han hecho a unas honradas fabricantes de miel.

Un día, de regreso a casa, ve a una abeja pidiendo limosna.

Esa escena conmovió a Konstantin y le hizo recordar un hecho que le salvó la vida cuando era muy pequeño.

Gracias a las propiedades curativas de la miel, Konstantin curó una grave pulmonía. Una miel que pudo disfrutar gracias al duro trabajo de estas obreras.

—¡Esto no es justo! —exclama el topo.

Al día siguiente, Konstantin decide acabar
con la injusticia de haber dejado sin trabajo a miles
de abejas.

Visita en secreto a la abeja reina de HanyHany,
le descubre toda la trama y le lleva las pruebas que
devolverán a HanyHany la reputación que tenía:
un microchip con un vídeo de la conversación
que tuvieron Teodoro y la política Clementina.

La abeja reina tiene en sus manos el arma más eficaz
contra la mentira: la verdad innegable.

Le agradece a Konstantin su honradez y rápidamente
pone en marcha un plan para salvar su compañía.

—¡Tiene que ser algo que corra la voz con más rapidez
y contundencia que la malvada campaña de Teodoro!
—se dice a sí misma.

Aprovechando lo trabajadoras que son sus abejas y que estas superan en número a los animales del bosque, pone en marcha una campaña de información que sin duda va a llegar a cada uno de los miles de habitantes del bosque.

Las abejas se sitúan frente a los ojos de cada animalillo del bosque con unos letreros que tienen el siguiente mensaje: "ESCUCHA MAÑANA CÓMO TEODORO HA COMPRADO A CLEMENTINA".

Y hasta que no tienen la certeza de que el mensaje ha sido leído, no retiran el letrero de la atónita mirada de quienes lo están leyendo. Una estrategia que envidiaría cualquier red social.

El mensaje llega así a todo el bosque. Todos hablan de lo mismo. Todos están intrigados con lo que va a pasar mañana.

Al día siguiente, todos los medios de comunicación sufren una interrupción provocada por el exhacker Konstantin. Y en lugar de la programación habitual se emite la famosa grabación.

Todos los animales escuchan lo que estaban esperando con curiosidad: el momento en que Teodoro compra a la alcaldesa Clementina.

El caso de corrupción más sonado de la historia del bosque ha llegado a oídos de todo el mundo.

Por fin se ha hecho justicia.

Todos los animales del bosque retiran las mermeladas del tramposo Teodoro, hoy entre rejas, y las reemplazan por la miel HanyHany.

Y es que el murciélago no tuvo en cuenta que el daño que produce una mentira puede volverse contra uno con mucha más fuerza si se descubre la verdad.

HanyHany, la compañía con la mejor miel del mundo, ya está funcionando de nuevo. Y lo hace con más vigor que nunca.

Porque hoy no solo vende esa excelente miel, sino que lidera también el mercado de las mermeladas de frutos del bosque.

Una jugada maestra que ha convertido a la abeja reina y sus obreras en protagonistas indiscutibles de las despensas de todos los bosques de la tierra.

TÍTULOS DE LA COLECCIÓN MUNDO DIGITAL

La ardilla que tuvo la enorme fortuna de perder su móvil

El ciervo que lanzó un reto viral y acabó siendo rapero

El oso que se volvió goloso el día que levantó la mirada del móvil

El caracol que fue salvado por unos marcianos de sufrir bullying

El conejo gamer que se quedó ciego y acabó con una visión envidiable

Las abejas que vencieron a las fake news con el poder de la verdad

La ratita influencer y su batalla contra los monstruos de los likes

La cerdita que se puso como un globo por tanta pantalla

ivinkanz.com